DISCOURS

SUR LA VIE ET LES TRAVAUX

DE

M. THÉODORE KREISS,

PROFESSEUR AU SÉMINAIRE PROTESTANT DE STRASBOURG,

PRONONCÉ LE 7 JUIN 1860

PAR

J. F. BRUCH,

PROFESSEUR AU SÉMINAIRE,
DOYEN DE LA FACULTÉ DE THÉOLOGIE PROTESTANTE.

STRASBOURG,
IMPRIMERIE DE FRÉDÉRIC-CHARLES HEITZ, RUE DE L'OUTRE, 5.

1860.

Messieurs,

Appelé à l'honneur de porter la parole dans cette solennité, je vais renouveler les douloureux regrets que vous a récemment causés la perte d'un savant distingué, d'un professeur éminent, d'un membre du Séminaire sincèrement dévoué aux institutions protestantes de notre ville, d'un excellent collègue, d'un homme de bien, d'un chrétien chez lequel l'amour de la littérature classique s'était allié à une foi vivante et à un attachement sans bornes pour le Christ et pour l'Église.

La vie dont j'ai à vous retracer le tableau, n'offre point d'incidents remarquables. Elle s'est écoulée paisiblement et, sans les souffrances physiques contre lesquelles notre collègue eut souvent à lutter, elle eût été constamment douce et heureuse. Si M. Kreiss n'a pas connu les joies de la paternité, il n'a pas non plus éprouvé les poignanles douleurs qui affligent si souvent la vie du père de famille. Moins distrait que la plupart de ses collègues par une grande variété de travaux, il a pu, sans trouble, se concentrer dans l'étude de l'antiquité classique, dont de bonne heure et dirigé par un goût prononcé, il avait fait sa spécialité. Cette vie, que nous aurions tant aimé voir se prolonger, n'en a pas moins été très riche, riche par les investigations laborieuses auxquelles notre ami s'est livré, par l'érudition peu commune qu'il a accumulée, par les travaux du professorat dont il s'est acquitté avec une fidélité constante et un succès toujours égal, riche enfin par les services qu'il a rendus à la jeunesse qui se groupait autour de sa chaire et qu'il aimait à introduire jusque dans sa familiarité.

M. Théodore Kreiss naquit le 18 Juillet 1802 à Bischheim, près de Strasbourg, où son père était pasteur. Ce n'est cependant pas dans ce village qu'il passa son enfance. L'année même de sa naissance son père fut appelé à l'église de St-Pierre-le-Jeune de notre ville, où jusqu'à sa mort, arrivée en 1841, il continua de remplir les fonctions du St-Ministère. Bien des habitants de Strasbourg ont conservé un pieux souvenir de ce digne ecclésiastique à cheveux blancs, dont la noble figure exprimait si bien la bonté du cœur et la sérénité de l'âme, qui savait prêcher les saintes vérités de l'évangile avec une simplicité si touchante et répandre les douces consolations de la religion dans les maisons de deuil et dans les demeures de la pauvreté et de la misère.

M. Kreiss reçut sa première instruction à l'école paroissiale de St-Pierre-le-Jeune. De cette école il passa au Gymnase, dont il parcourut les classes avec une rapidité extraordinaire. Dès le mois de septembre 1815 il y avait achevé son cours d'études, et il se présentait pour subir honorablement l'examen d'admission à la matricule générale du Séminaire. Il n'avait donc pas encore accompli sa 13me année, quand il fut reconnu apte à commencer ses études académiques. Sans doute le Gymnase n'était pas alors ce qu'il est devenu depuis; ses classes étaient moins nombreuses; le niveau des études était bien au dessous de ce qu'il est aujourd'hui. Néanmoins la célérité avec laquelle M. Kreiss parcourut les diverses classes de cet établissement a lieu de nous étonner et atteste chez lui une précocité intellectuelle peu commune.

Malheureusement chez M. Kreiss le développement physique ne marcha pas de pair avec le développement intellectuel. Pendant qu'il franchissait si rapidement les classes du Gymnase, se manifestèrent les premiers symptômes d'une maladie qui, envahissant successivement son organisme tout entier, finit par y produire une altération très sensible et par déposer le germe des infirmités qui ont affligé ses dernières années et amené sa mort à un âge peu avancé.

Son vénérable père remplissait trop bien les fonctions du St-Ministère, il était entouré de trop de respect et d'affection, pour que son fils ne désirât pas se vouer à la même carrière. Après avoir suivi pendant quatre ans les cours préparatoires du Séminaire, il passa le 6 novembre 1819 l'examen qui lui permettait de suivre les cours de théologie du Séminaire et de la Faculté nouvellement créée.

A cette époque la théologie dans ces deux établissements étroitement unis, était enseignée par MM. Haffner, Dahler, Fritz, Redslob et Emmerich. Quoiqu'alors ce dernier, miné par la cruelle maladie qui en 1820 déjà le conduisit au tombeau, ne parût plus que rarement dans sa chaire, il fut de tous les maîtres de M. Kreiss celui qui exerça sur lui l'influence la plus profonde. L'érudition étonnante de ce jeune professeur d'histoire ecclésiastique, la profondeur de son enseignement, sa modestie, sa fervente piété, excitaient dans le jeune élève comme dans beaucoup de ses condisciples, un attachement enthousiaste. Le successeur de M. Emmerich dans la chaire d'histoire ecclésiastique fut celui de nos collègues actuels qui, par les hautes positions qu'il a tour à tour occupées dans l'université et par ses nombreuses productions savantes, s'est acquis une réputation aussi légitime qu'étendue. Parmi les autres professeurs d'alors M. Redslob aussi laissa dans l'âme de M. Kreiss un souvenir ineffaçable. Et qui d'entre les élèves de cet homme remarquable aurait pu oublier ces leçons dans lesquelles il unissait d'une manière si heureuse la profondeur des aperçus philosophiques à la chaleur du sentiment, la sévérité de la méthode à la vivacité de l'imagination, et qui, en initiant la jeunesse aux systèmes des penseurs les plus éminents des différents siècles, lui inspiraient en même temps un noble enthousiasme pour tout ce qui est beau, noble et divin ?

Le 31 mars 1824, M. Kreiss subit l'examen pour le grade de candidat en théologie. Il est à regretter que les jeunes théologiens ne fussent pas tenus alors comme aujourd'hui de faire imprimer et de soutenir publiquement une dissertation. Un élève aussi distingué que M. Kreiss aurait assurément fourni un travail qui lui eût fait honneur ainsi qu'aux établissements dans lesquels il avait fait ses études. Peut-être aussi que ce premier essai de publication lui aurait appris à surmonter cette timidité, cette défiance de lui-même, qui l'a toujours empêché de livrer à l'impression les résultats de ses recherches laborieuses et profondes.

Dans la même année encore où il avait honorablement obtenu le grade de candidat, le désir d'augmenter ses connaissances théologiques le conduisit à l'Université de Göttingue. Il s'y rendit avec quatre amis fort distingués, MM. Bochinger, Lurtzing, Weiler et Rœhrich. De ces condisciples M. Rœhrich, le savant historien de la réformation à Strasbourg et en Alsace, est le seul qui lui ait survécu. Les trois autres ont été enlevés par une mort prématurée, laissant de profonds regrets, surtout M. Bochinger, qui avait fait naître de si hautes espérances par son excellente introduction populaire aux saintes écritures, qu'il écrivit à Göttingue et qui fut couronnée par une société d'amis de la Bible dans le Würtemberg, et par son savant ouvrage sur la vie contemplative, ascétique et monastique chez les Indiens et chez les peuples Boudhistes.

A peine de retour dans sa ville natale, M. Kreiss fut appelé à Paris pour remplir, dans une des institutions alors le plus en vogue, les fonctions de professeur de grec et d'aumônier protestant. Tout d'abord M. Kreiss sut gagner la confiance de son chef et l'affection de ses élèves. Lui-même profita de son séjour dans la capitale, pour acquérir cette diction si correcte et si pure par laquelle il s'est fait remarquer. Les excellents services qu'il rendait dans ce pensionnat engagèrent en 1826 le prince Dolgoroucky, résidant alors à Paris, à lui confier l'éducation de ses enfants. Entouré dans cette famille des égards les plus affectueux, il aurait sans doute continué d'y remplir les fonctions de précepteur, si l'amour de sa ville natale ne l'eût dès 1827 ramené à Strasbourg.

C'était l'époque où le Gymnase, confié à la direction de M. Matter, subissait une réorganisation que les progrès de la pédagogie et les besoins nouveaux amenés par le temps, avaient rendue absolument nécessaire. Pour habituer les enfants, dès l'âge le plus tendre, à la connaissance du français, l'administration du Gymnase, sur la proposition du nouveau directeur, avait créé une huitième classe. Sans se laisser arrêter par la crainte que l'infirmité dont M. Kreiss était atteint, ne l'empêchât de réussir, M. Matter engagea le Séminaire à confier cette classe à ce jeune savant, chez lequel, avec un coup d'œil d'une parfaite justesse, il avait reconnu un remarquable talent pour l'enseignement. Guidé par cette modestie qui était un des traits les plus saillants de son caractère, M. Kreiss consentit à débuter par la classe la plus élémentaire du Gymnase, et justifia pleinement les espérances qu'on avait fondées sur lui. Dès les premiers jours il sut prendre sur ses élèves un ascendant qui lui rendit sa tâche facile. Sous sa direction la huitième prospéra singulièrement, et attira en peu de temps un nombre considérable d'élèves.

M. Kreiss était trop au-dessus de cette classe pour que

l'administration du Gymnase eût voulu l'y laisser longtemps. Dès l'année 1828 il fut chargé des leçons de latin données jusqu'alors en quatrième par le professeur d'histoire, M. Lamp. Deux ans après, il fut appelé à remplacer pour le grec et le latin en seconde et en troisième deux professeurs qu'il honorait comme ses maîtres et qui avaient rendu d'excellents services, M. Lachenmeyer, nommé professeur au Séminaire et M. Aufschlager, parvenu à un âge qui exigeait une diminution de leçons. A la mort de ce dernier, arrivée en 1835, M. Kreiss, nommé professeur titulaire du Gymnase, fut chargé de l'enseignement du latin dans la première classe, du latin et du grec dans la deuxième classe de cet établissement.

Appelé depuis 1828 à la direction du Gymnase, je n'eus qu'à m'applaudir d'avoir proposé au Séminaire de confier à M. Kreiss l'enseignement des langues classiques dans les classes supérieures. Témoin pendant plus de quinze ans de ses travaux, j'ai été plus que personne à même d'en apprécier la valeur et les succès. Jamais le Gymnase n'a eu un professeur qui ait apporté dans ses fonctions plus de zèle, plus d'ardeur. M. Kreiss ne croyait pas avoir satisfait à toutes ses obligations, lorsqu'il avait régulièrement donné ses leçons. Il avait en vue le bien du Gymnase tout entier, et il cherchait à y contribuer partout où cela lui était possible. Aucun de ses collègues ne s'occupait avec plus de zèle du maintien de la discipline et du bon ordre dans toutes les divisions de cette école, aucun n'était plus empressé à payer de sa personne quand il s'agissait de pourvoir à un besoin nouveau qui s'était fait sentir. Par l'étendue et la solidité de son savoir et par la fermeté de son caractère, il imposait aux élèves et en même temps leur inspirait une confiance illimitée. Aussi n'est-il jamais arrivé qu'un élève lui ait manqué et qu'il ait eu besoin, pour maintenir son autorité, d'employer des mesures disciplinaires. Son amour pour les lettres anciennes se communiquait aux élèves, la délicatesse de son goût leur faisait sentir les beautés des ouvrages qu'il leur expliquait. L'animation qui régnait dans ses leçons les entraînait malgré eux; les plus indolents se réveillaient à sa parole chaleureuse et s'intéressaient aux auteurs qu'ils étudiaient sous sa direction.

Les inspecteurs généraux de l'Université, qui alors visitaient chaque année les classes du Gymnase, et parmi lesquels il s'en trouvait de haut placés dans le monde savant et d'une expérience consommée, tels que les Letronne, les Fréd. Cuvier, les Burnouf, les Dubois de Nantes, les Dutrey, furent tous frappés de l'enseignement de M. Kreiss, et ils m'avouèrent qu'ils n'avaient rencontré aucun professeur plus savant que lui, aucun qui sût exercer sur les élèves une puissance aussi entraînante.

Pendant quinze ans M. Kreiss enseigna au Gymnase, toujours environné du respect et de l'affection de ses élèves, toujours contribuant par son enseignement aussi profond qu'attrayant à la prospérité de cette école. On comprendra qu'un professeur d'un tel mérite devait avoir à l'avance sa place marquée au Séminaire. En effet, en 1843, à la mort de M. Lachenmeyer, de ce profond et judicieux connaisseur de la littérature classique, de ce professeur qui, lui aussi, a laissé dans le cœur de tous ses élèves des souvenirs ineffaçables, il fut nommé membre titulaire de ce corps. Cependant les services rendus par lui au Gymnase étaient trop importants pour que l'administration eût voulu l'enlever tout à coup et complétement à cette école. En le chargeant de la chaire de M. Lachenmeyer, elle décida qu'il continuerait encore pendant quelques années les leçons de grec dans les deux classes les plus élevées du Gymnase.

Avant de le suivre dans sa nouvelle carrière, je crois devoir rappeler deux voyages par lesquels M. Kreiss acheva pour ainsi dire sa préparation à la chaire du Séminaire qu'il devait occuper avec tant d'éclat.

Jusqu'en l'année 1833 il ne connaissait les monuments de l'antiquité que par les livres; mais il n'avait contemplé aucun de ces édifices qui, bien que profondément entamés par la force destructive du temps, sont encore si imposants et attestent d'une manière si surprenante la grandeur du peuple qui les a élevés.

Prêt à faire à cette époque un voyage dans le midi de la France, je lui proposai de m'accompagner. Il y consentit. Sa société me rendit ce voyage doublement agréable et instructif. Jamais je n'oublierai le ravissement avec lequel M. Kreiss contemplait les premiers monuments romains qui à Nîmes, à Arles, à Orange, se présentèrent à ses yeux. Les magnifiques arènes des deux premières de ces villes et le théâtre d'Orange furent pour lui des objets d'études sérieuses. Mais rien parmi ces débris de l'antiquité ne produisit sur lui une impression plus agréable que le temple si étonnamment conservé de Nîmes, connu sous le nom de maison carrée et qui par l'harmonie et la grâce exquise de ses formes est réellement digne d'admiration. Pendant tout son séjour à Nîmes chaque matin sa première visite était consacrée à ce temple, et chaque soir le ramenait devant cet édifice. Jusque dans ses derniers jours, M. Kreiss aimait à parler de ce voyage dans les contrées méridionales de notre pays, voyage qui est aussi, dans ma vie, un des épisodes les plus charmants.

Ces antiquités admirées dans le midi de la France ne pouvaient qu'augmenter son désir de visiter le pays où le peuple romain a laissé les monuments les plus nombreux de sa grandeur et de sa puissance. Heureux de pouvoir satisfaire à ce désir, il se rendit en 1838 en Italie, accompagné de son frère, le digne pasteur de St-Pierre-le-Jeune, qui peu auparavant était revenu des universités allemandes. Il trouva en Italie le savant Lepsius qui depuis a acquis, par son voyage en Égypte, une si haute célébrité et avec lequel il se lia d'une amitié intime. Par Gênes, Turin, Florence, M. Kreiss se rendit à Rome et de là à Naples, à Pompéi, à Pestum. Quelle dut être son émotion en visitant ce Forum où tant de fois avait retenti la puissante voix du plus grand des orateurs romains, en montant au Capitole, théâtre de tant d'événements remarquables, en visitant les ruines du palais des Césars, témoin à la fois des horreurs de Néron et des actions généreuses de Titus, en parcourant les rues de Pompéi, de cette ville qui, sortie pour ainsi dire de son tombeau séculaire, nous initie jusque dans les moindres détails de la vie publique et de la vie domestique des Romains! Sur le sol classique de l'Italie, devant ces monuments si nombreux et si imposants, dans ces musées, renfermant tant de trésors de l'art antique, M. Kreiss trouva mille occasions de compléter, de rectifier, de vivifier les connaissances que jusqu'alors il n'avait puisées que dans les livres. Les souvenirs de ce voyage répandaient un nouveau jour sur les auteurs dont il faisait son étude; en lui en facilitant l'intelligence, ils lui donnaient en même temps une connaissance exacte des localités dans lesquelles ces auteurs le transportaient.

Plus enthousiaste que jamais de l'antiquité classique, M. Kreiss revint de l'Italie pour reprendre au Gymnase ses leçons que bientôt il devait échanger contre celles de littérature grecque et romaine au Séminaire protestant.

Pendant les premiers temps de son professorat au Séminaire, M. Kreiss interprétait de préférence des auteurs latins; plus tard ses cours roulèrent plus ordinairement sur des auteurs grecs. Dans les dernières années de sa vie il abandonna l'explication des auteurs à ses honorables collègues MM. Hasselmann et Baum, pour exposer dans autant de cours différents les antiquités privées des Grecs, les antiquités publiques de cette même nation, les antiquités d'Athènes, les mœurs des Grecs jusqu'à l'époque d'Alexandre-le-Grand, l'histoire de la poésie lyrique chez les Grecs, la mythologie grecque. En 1858 il fit un cours sur Pompéi. Dans ces leçons intéressantes, animé de ses propres souvenirs, il promenait, pour ainsi dire, ses auditeurs à travers les rues et les places de cette ville tirée de dessous terre, les rendait attentifs à tout ce qu'elle offre de remarquable et leur faisait comprendre par ses débris les mœurs et toute la manière de vivre des habitants de l'Italie au siècle d'Auguste. Le dernier cours qu'il annonça et qu'il pensait faire pendant la présente année scolaire, devait rouler sur les doctrines religieuses des poëtes grecs antérieurs à l'époque d'Alexandre-le-Grand.

Les auteurs latins que M. Kreiss a successivement expliqués sont les suivants: Horace, Virgile, Plaute, Juvénal, Lucrèce, Perse, Lucain, Quintilien, Cicéron, Tacite, Sénèque.

Parmi les auteurs grecs il a choisi pour sujets de ses cours: Pindare, Eschyle, Sophocle, Aristophane, Démosthène, Platon, Aristote, Thucydide.

En se rappelant que la carrière académique de M. Kreiss ne s'est pas étendue au delà de 17 ans, ne doit-on pas éprouver un juste étonnement en songeant au grand nombre d'auteurs qu'il a tour à tour étudiés, à tous les cours qu'il a élaborés sur des matières en partie fort vastes et fort difficiles. Cet étonnement augmente encore quand on se rend compte de la méthode avec laquelle M. Kreiss procédait habituellement à la préparation de ses leçons.

Pour se convaincre de l'étendue des études auxquelles il se livrait avant de commencer un cours, de la conscience avec laquelle il préparait chaque leçon, on n'a qu'à jeter un coup d'œil sur les manuscrits qu'il a laissés et qui forment une collection considérable. Chacun de ces manuscrits atteste chez cet éminent professeur une connaissance approfondie de l'auteur qu'il s'était proposé d'interprêter, ou de la matière qu'il avait l'intention d'exposer. Tous sont rédigés avec un soin extrême. On voit que quelque fidèle que fût sa mémoire, il ne s'y fiait cependant pas; il écrivait soigneusement ce qu'il voulait dire, ou concentrait du moins dans des notes substantielles les pensées qu'il se proposait de développer devant ses élèves.

Ses cours sur les auteurs classiques commencent ordinairement par une introduction, dans laquelle il rend compte de la vie de l'auteur, de l'époque où il a vécu, de son caractère, de ses opinions, de ses œuvres et de leur valeur littéraire. Rédigées dans un style toujours correct, coulant, élégant, et qui réfléchit partout la profonde érudition et la finesse du goût du professeur, ces introductions sont du plus haut intérêt. Celle de toutes qui m'a paru la plus remarquable ouvre ses leçons sur Pindare, pour lequel il avait une prédilection marquée, qu'il avait étudié peut-être avec plus de soin qu'aucun autre et qui plusieurs fois a fait l'objet de ses leçons. En parcourant cet excellent travail, on regrette que M. Kreiss ne se soit pas décidé à livrer à la publicité les fruits de ses savantes recherches. Le plus beau monument à lui élever serait peut-être la publication de l'une ou de l'autre de ses remarquables introductions aux auteurs classiques de la Grèce ou de Rome. Les cours qu'il a faits successivement sur différentes branches de l'archéologie grecque sont rédigés avec le même soin que ceux sur les auteurs classiques et supposent également des études longues et laborieuses.

Avouons qu'il n'a jamais songé à se rendre la tâche facile. Profondément pénétré de l'importance de ses obligations comme professeur, il s'en est constamment acquitté avec cette fidélité, cette exactitude, cette scrupuleuse conscience qu'il apportait dans tous les actes de sa vie.

Après avoir vu de quelle manière M. Kreiss préparait ses cours, nous ne serons pas étonnés de l'intérêt avec lequel ils étaient constamment suivis. Sa parole à la fois correcte et animée, était accueillie par les élèves avec une attention soutenue. A chaque leçon ils se sentaient avancés dans la connaissance de la littérature classique et ils attendaient avec impatience la leçon suivante qui devait les faire avancer encore. En initiant la jeunesse à l'intelligence des auteurs anciens, M. Kreiss savait en même temps les leur faire apprécier et aimer. Si le goût pour la littérature classique, qui, malheureusement, diminue de plus en plus parmi ceux même qui composent les classes instruites de la Société, s'est maintenu chez un certain nombre de pasteurs protestants de l'Alsace, sachons-en gré à M. Kreiss et aux hommes honorables qui avant lui et concurremment avec lui ont interprêté, dans les chaires du Séminaire, les grands écrivains de la Grèce et de Rome et perpétué, par leur enseignement, les traditions de notre ancienne université de Strasbourg.

Ce n'est pas à ses cours académiques que se sont bornés les services que M. Kreiss a rendus au Séminaire. Jusque dans ces derniers temps, où le délabrement de sa santé le retenait souvent chez lui, il prit une part active à l'administration dont ce corps est chargé. Assistant régulièrement à ses séances, il éclairait de ses lumières les questions qui y étaient discutées. Ses avis étaient ordinairement dictés par sa haute intelligence, ou par son expérience, souvent aussi par la bonté indulgente de son cœur. La franchise et la loyauté avec lesquelles il exprimait son opinion, le calme et l'habileté avec lesquels il savait les défendre, étaient appréciés de tous ses collègues. Son argumentation était toujours forte, souvent entraînante, jamais blessante pour personne. Ferme dans son propre avis, il savait respecter celui des autres et se rendre avec déférence à l'opinion de la majorité.

Tour à tour il remplit au Séminaire, et toujours avec cette exactitude scrupuleuse qui lui était habituelle, les fonctions de Vice-Directeur, de Secrétaire, de Directeur des études. Il fut successivement membre de la commission des finances, de celle du Gymnase, de celle de St-Guillaume et de celle des bourses. On aimait à l'avoir pour collaborateur dans ces commissions : car ses conseils étaient toujours utiles, et son caractère le rendait cher à tous ses collègues. Les élèves trouvaient en lui non seulement un maître savant, mais encore un père qui les attirait par sa bonté, qui les dirigeait dans leurs études et dans leur conduite, les assistait dans leurs perplexités et qui, avec une haute générosité, pourvoyait quelquefois à leurs besoins.

Quel que fût le temps que M. Kreiss consacrât à ses fonctions officielles, il trouvait encore assez de loisirs pour se livrer à des lectures aussi étendues que variées. Avec cet esprit d'ordre qui le caractérisait, il consignait toutes ses lectures dans un journal, qui commence avec l'année 1826 et qui ne se termine qu'au mois de novembre 1859. Ce journal renferme 2805 numéros, dont beaucoup se rapportent à des ouvrages volumineux, ou d'une lecture difficile. Il n'existe pas d'auteur latin ou grec que M. Kreiss n'ait étudié. Tout ce que les littératures française et allemande ont produit de tant soit peu intéressant, a fixé son attention. Après avoir feuilleté ce curieux répertoire, on ne s'étonne plus de la profonde érudition de ce digne professeur, ni de la finesse de son goût, mais on s'étonne d'autant plus que les fonctions qu'il avait à remplir et les fréquents dérangements de sa santé, lui aient permis de lire un nombre d'ouvrages si prodigieux.

On comprendra qu'un savant si profondément versé dans la littérature des peuples les plus civilisés de l'antiquité et des temps modernes, ait aimé à réunir les livres qui lui inspiraient le plus d'intérêt. Aussi sa bibliothèque s'enrichissait-elle d'année en année. Elle compta enfin 2097 ouvrages dont plusieurs, par leur rareté, ont une valeur particulière. Non content de posséder des livres, il voulait que leur extérieur annonçât le prix qu'il y attachait. Son goût si délicat et qui se sentait blessé de tout ce qui contrevenait aux règles de l'ordre, de l'harmonie et de la beauté, n'aurait pas toléré qu'un seul de ces livres portât les traces de la vétusté ou de la négligence de ses premiers possesseurs. Par ses soins tous furent reliés avec goût et à peu près de la même manière. Il serait difficile de trouver une bibliothèque d'une plus belle apparence que celle qui ornait les rayons de son appartement. Quel dommage si une pareille collection, livrée aux hasards d'une vente publique, eût été éparpillée! Lui-même, dans l'expression de ses dernières volontés, semblait insinuer le vœu qu'elle fût conservée. Entrant dans ses vues et secondé par les sentiments généreux des membres de sa famille, le Séminaire en a fait l'acquisition. Réunie à celle que le Séminaire a héritée de l'ancienne université de Strasbourg et qui a déjà reçu de notables accroissements, elle perpétuera le souvenir de l'éminent professeur et secondera les études de nos élèves et de tous les savants de notre cité.

Jusqu'ici, Messieurs, j'ai parlé de M. Kreiss comme savant, comme professeur, comme membre de l'administration du Séminaire; mais la religion a eu une place trop importante dans sa vie intime, pour que je puisse me dispenser de parler aussi de ses convictions chrétiennes.

On ne trouvera pas étrange que chez un homme, livré pendant si longtemps presque exclusivement à l'étude de la littérature classique de l'antiquité, les croyances religieuses eussent perdu quelque chose de cette fermeté avec laquelle, sous l'influence de la maison paternelle et des études de théologie, elles s'étaient d'abord établies dans son âme. Mais il y eut dans sa vie un moment où il se fit dans ses sentiments religieux un changement notable. Préparé par le mouvement religieux qui éclata à Strasbourg il y a une trentaine d'années, il fut déterminé par la mort de son respectable père. Ce douloureux évènement lui fit sentir que des convictions flottantes laissent l'homme désarmé dans le malheur, et en présence des tentations. Dès ce moment il sentit le besoin d'arriver à une conception plus arrêtée, plus positive des doctrines chrétiennes. L'influence de quelques personnes qui lui étaient chères à plus d'un titre, le confirma dans cette tendance ; lui-même s'y entretenait par des lectures édifiantes auxquelles il se livrait chaque jour, surtout par la lecture de la Bible et des cantiques sacrés recueillis par Raumer, et dont il savait un grand nombre par cœur.

Mais quelque arrêtée que fût désormais sa conviction religieuse, son intelligence était trop élevée pour ne pas comprendre qu'une piété sincère pouvait s'allier à des convictions différentes des siennes. M. Kreiss n'était point exclusif, jamais personne n'entendit sortir de sa bouche une parole de condamnation contre ceux qui ne partageaient pas sa manière de voir. Ses opinions religieuses ne dominaient point ses sentiments d'amitié et n'altéraient point sa haute impartialité envers ses élèves.

La santé de M. Kreiss n'avait jamais été forte ; les progrès de l'âge l'affaiblirent davantage encore. Des séjours réitérés aux eaux d'outre-Rhin pouvaient bien ralentir le développement des infirmités qui chez lui s'étaient annoncées de bonne heure, mais non en éteindre le principe. Souvent dans les dernières années il se voyait forcé de suspendre ses cours. Combien de fois a-t-il déploré ces interruptions ! Mais aussi, qu'il était heureux quand, au retour de la santé, il pouvait reprendre ses leçons ! Hélas ! les élèves eux-mêmes s'apercevaient du déclin de ses forces et de l'aggravation de ses souffrances. Plus d'une fois, au milieu d'une leçon, une violente oppression arrêta sa parole. Ne l'avez-vous pas vu l'année dernière, aux beaux jours du printemps et de l'automne, se promener tristement sur le quai St-Thomas, s'arrêter sur les ponts et plonger dans l'eau des regards douloureux, luttant contre une oppression qui ne le laissait presque pas respirer !

Ceux qui vivaient dans son intimité ne pouvaient se dissimuler les progrès du mal. Lui même avait des pressentiments de mort. Mais ces pressentiments n'altéraient en rien la sérénité de son esprit. Ses amis le trouvaient toujours gai, toujours disposé aux épanchements d'une causerie familière.

Cependant dès l'année 1855 ces pressentiments le portèrent à mettre par écrit ses dernières volontés. Ce document respire tout l'attachement, toute la gratitude qu'il avait voués au Séminaire et au Gymnase. Le premier de ces corps y est désigné pour être le dispensateur des bienfaits qu'il désirait répandre encore après sa mort. Améliorer la position des veuves des professeurs du Gymnase, encourager les élèves de cette école, ainsi que ceux du Séminaire, faire quelque bien aux pauvres de St-Pierre-le-Jeune, sa paroisse, telles sont les pieuses intentions que ses collègues sont chargés d'accomplir. Tous ces legs devaient être prélevés sur le produit de la vente de sa bibliothèque. Ils ont été acquittés et le seront encore à l'avenir sur le capital consacré par le Séminaire à l'acquisition de cette belle et utile collection.

Fidèle à cette modestie, l'un des plus beaux traits de son caractère, M. Kreiss a interdit toute cérémonie en son honneur. Le Séminaire n'a pas cru contrevenir à sa volonté en chargeant un de ses membres de prononcer, non son panégyrique, mais un discours qui, en rappelant ses services, fût en même temps l'expression toute simple de sa gratitude et des vifs regrets que la mort de cet excellent professeur lui a fait éprouver. Certes, si le Séminaire n'avait eu égard qu'au talent oratoire, ce n'est pas moi qu'il aurait chargé de porter ici la parole. Mais il a pensé qu'étant un des plus anciens membres du corps, qu'ayant eu l'avantage de compter M. Kreiss parmi mes élèves, que l'ayant vu à l'œuvre pendant tout le temps que j'ai rempli les fonctions de Directeur du Gymnase, qu'ayant entretenu avec lui, jusqu'à sa mort, des relations d'amitié intime, j'étais peut-être plus naturellement appelé à rendre compte de sa vie, de ses qualités et de ses mérites.

Je sens trop combien je suis resté au-dessous de ma tâche. Cependant je remercie mes honorables collègues de m'avoir choisi pour être l'interprète de leurs sentiments. Ils m'ont ainsi procuré l'occasion d'exprimer publiquement l'estime et l'amitié que j'ai toujours éprouvées pour le savant éminent qui nous a été enlevé trop tôt. Jamais ces sentiments ne s'éteindront dans mon âme. Le Séminaire tout entier conservera de M. Kreiss un souvenir affectueux et reconnaissant. Vous ne l'oublierez pas non plus, chers élèves. Quelle que soit votre carrière future, vous vous rappelerez avec gratitude cet excellent professeur, qui vous a tant aimés, et dont les leçons ont été pour vous si attrayantes et si instructives.

www.ingramcontent.com/pod-product-compliance
Lightning Source LLC
Chambersburg PA
CBHW070535050426
42451CB00013B/3022